ظاهرة مريبه
دليل الرقم الهيدروجيني
للفيزياء ثناف.
Arabic
AF350932

pHishy pHenomenon
A pH guide for girls.
Marcy Schaaf
English

Welcome to the bubbly world where suds, giggles, and pH mysteries await! In "pHishy pHenomenon," we stumbles into soapy chaos, discovering that using the wrong pH balance can turn a bath into a bubbling blunder. Get ready for a hilarious adventure filled with slippery slides, hay bale hair, and a superhero's skin suit gone wrong! Until we find the secret to perfect pH, or will we be caught in the soapy shenanigans of the pHishy pHenomenon? Dive into this bubblicious tale, and let the laughter and learning begin!

مرحبًا بك في عالم الفقاعات حيث تنتظرك رغوة الصابون والضحك وأسرار الرقم الهيدروجيني! في "ظاهرة pHishy"، نتعثر في فوضى الصابون، ونكتشف أن استخدام توازن درجة الحموضة الخاطئ يمكن أن يحول الحمام إلى خطأ فادح. استعد لمغامرة مرحة مليئة بالمنزلقات الزلقة، وشعر القش، وبدلة جلد البطل الخارق التي أخطأت! حتى نجد سر الحصول على درجة حموضة مثالية، أم أننا سنقع في فخ الخدع الصابونية لظاهرة pHishy؟ انغمس في هذه الحكاية المفعمة بالحيوية، ودع الضحك والتعلم يبدأ!

understanding pH effects
1 2 3 4 5 6 7 8 9 10 11 12 13 14
Strongly Acidic
Weakly Acidic
Weakly Alkali
Strongly Alkali

فهم تأثيرات الرقم الهيدروجيني
1 2 3 4 5 6 7 8 9 10 11 12 13 14
Strongly Acidic
Weakly Acidic
Weakly Alkali
Strongly Alkali

Today, we learn the
magic of pH balance!

اليوم، نتعلم سحر توازن الرقم الهيدروجيني!

Bubble Bath Bonanza!

High pH bubbles—uh-oh! The bubbles pop,
and a not-so-sweet smell fills the air.

Lesson:

High pH smells bad!

Let's find the perfect pH for our
bubbly adventures.

فقاعة حمام بونانزا!

فقاعات ذات درجة حموضة عالية -
أوه! تنفجر الفقاعات، وتملأ الهواء
رائحة غير حلوة.

درس:
ارتفاع الرقم الهيدروجيني له رائحة كريهة!

دعونا نجد الرقم الهيدروجيني المثالي لمغامراتنا الشامبانياً.

Face Wash Fiasco!

Low pH face wash—oops!
Your face turns oily, like a
slippery slide!

فشل غسل الوجه!

غسول الوجه ذو الرقم الهيدروجيني المنخفض - عفوًا! يتحول وجهك إلى زيتي، مثل شريحة زلقة!

Tip:

Low pH makes skin oily. Let's discover the ideal pH for a fresh-faced feel.

نصيحة:

انخفاض الرقم الهيدروجيني يجعل البشرة دهنية. دعونا نكتشف الرقم الهيدروجيني المثالي لشعور جديد.

Shampoo Shenanigans!

High pH shampoo—splash!
Makes hair feels like a
hay bale!

خدع الشامبو!

شامبو ذو درجة حموضة عالية - سبلاش! يجعل الشعر يبدو وكأنه بالة القش!

High pH makes hair sad, Let's uncover the secret of luscious locks with perfect pH.

درجة الحموضة العالية تجعل الشعر حزينًا، دعنا نكتشف سر الخصلات الرائعة ذات درجة الحموضة المثالية.

Bar Soap Blunder!
Low pH soap—eek!

Skin feels tight,
like a superhero's suit
gone wrong!

خطأ بار الصابون!
صابون ذو درجة حموضة
منخفضة - إيك!

تبدو البشرة مشدودة،
كما لو أن بدلة البطل
الخارق قد أخطأت!

Let's unveil the mystery of soft,
supple skin with the right pH.

The magic number—7!
Just like tap water,
it's the skin's best friend.

دعونا نكشف عن سر البشرة الناعمة والمرنة ذات الرقم الهيدروجيني المناسب.
الرقم السحري - 7!
تمامًا مثل ماء الصنبور، فهو أفضل صديق للبشرة.

Perfect pH Party!

Bubble Bash:

Our skin loves pH 7!
It's the magic number for a
bubbly, fresh, and fantastic
feeling.

حفلة درجة الحموضة المثالية!

فقاعة باش:
بشرتنا تحب الرقم الهيدروجيني 7!
إنه الرقم السحري لشعور الشامبانيآ والانتعاش والرائع.

Marvelous Makeover!

Use all pH 7 goodies—a bubbly bath, fresh face, silky hair, and soft skin!

تحول رائع!

استخدمي جميع الأشياء الجيدة ذات الرقم الهيدروجيني 7 - حمام فقاعات ووجه منتعش وشعر حريري وبشرة ناعمة!

Let's share the magic
of perfect pH
with our friends.

دعونا نشارك سحر الرقم الهيدروجيني المثالي مع أصدقائنا.

Bubbly Ballet:

Dance with us,
Feel the magic of perfect pH
and let the fun begin!

الباليه الشامبانيا:

ارقص معنا، واشعر
بسحر الرقم
الهيدروجيني المثالي
ودع المرح يبدأ!

Tell the secrets of perfect pH .

أخبر أسرار الرقم الهيدروجيني المثالي.

What happens with low pH?

ماذا يحدث مع انخفاض الرقم الهيدروجيني؟

What
happens with
high pH?

ماذا يحدث مع ارتفاع الرقم الهيدروجيني؟

What soap is right for your skin?

ما هو الصابون المناسب لبشرتك؟

1 2 3 4 5 6 7 8 9 10 11 12 13 14
Strongly Acidic
Weakly Acidic
Weakly Alkali
Strongly Alkali